Für meine Enkelkinder Elías und Joel

Doris Hesseler

Troll Faxi
und sein Stuhl mit Rädern

Doris-Verlag

Auf der Waldwiese

Im dunklen Wald, in einer Höhle, lebt ein kleiner Troll mit seinen Eltern. Er hat fünf Geschwister. Davon sind zwei Schwestern und drei Brüder. Alle Trolle tragen Kleidchen. Ihre Haare stehen wild und steil zu Berge. Auch haben alle einen Schwanz. An seinem Ende befindet sich ein borstiger Haarbusch. Der Troll, von dem ich euch erzählen möchte, heißt Faxi und ist der jüngste. Er ist gerade mal drei Jahre alt.

Manchmal, wenn ich ganz leise bin, sehe ich die Trollkinder auf der Wiese in der Sonne spielen. Im Sommer blühen hier die schönsten, buntesten Blumen, die ich jemals gesehen habe. Zwischen zwei großen Sonnenblumen haben die Trollkinder eine Hängematte aus geflochtenen Gräsern gespannt. Drei Trollkinder finden gemeinsam darin Platz. Zwei Trollkinder wiegen die Geschwister in der Hängematte gleichmäßig hin- und her. Das freudige Jauchzen kann ich schon von weitem hören.

Außerdem gibt es auf der Wiese einen kleinen Garten. Dieser wird mit viel Liebe von den Trolleltern bearbeitet. Hier wachsen die schmackhaftesten Kräuter, die weit und breit zu finden sind.

Die Trollhöhle ist mit würzig duftenden Tannennadeln, Moos und Laub ausgestattet. Jedes Trollkind hat sein eigenes, kleines Laubbett. In dieses Bettchen rollt es sich, abends wenn es müde ist, ein. Wenn alle Trolle schlafen, hört man ihr gleichmäßiges Schnarchen und Grunzen. Manchmal pupst auch einer im Schlaf. Morgens krabbelt die gesamte Familie verschlafen aus der Höhle. Dann nimmt sie ein schmackhaftes Frühstück auf der Waldwiese ein. Sobald sich etwas bewegt, oder ein Vogel Alarm schlägt, sind sie –husch- wieder in der Höhle verschwunden.

Vor ein paar Tagen ist mir aufgefallen, dass der kleine Faxi noch nicht laufen kann. Die Eltern und Geschwister geben sich große Mühe, um ihm das Laufen zu lehren. Immer wieder stellen sie ihn auf seine kleinen dicken Beine. Doch so sehr sich Faxi auch anstrengt, seine Beinchen knicken ein. Dann schaut er alle mit großen Augen an und -Plumps - fällt er auf seinen Po.
Dann tragen ihn die Eltern oder eines seiner Geschwister umher. Aber inzwischen ist Faxi zu schwer geworden. Er ist ein guter Esser und mit einem kleinen runden Speckbauch versehen.

Die Familie setzt sich zusammen. Sie überlegt viele Tage, wie sie Faxi helfen kann. Der kleine Wirbelwind macht sich um seine Beinchen keine Sorgen. Er kugelt vergnügt über die Wiese auf und ab. Dabei macht er die verrücktesten Faxen. Deshalb nennt ihn die Familie Faxi.
Der älteste Bruder sagt: „Ich kann Faxi mit einem Seil hinter mir herziehen". Diese Idee finden die Eltern nicht gut.
Faxi würde viele Beulen und Kratzer davontragen. Der zweite Bruder sagt: „Ich fertige eine Trage aus Zweigen und Blättern". Darauf kann Faxi aber nur in den Himmel blicken. Er kann nicht sehen, was um ihn herum passiert. Das ist zu langweilig. Der dritte Bruder meint: „Wir tragen Faxi zu zweit, dann ist er nicht zu schwer“.
Papa Troll ist der Ansicht, die Brüder sollen spielen und Faxi nicht ständig umhertragen. Die Schwestern haben die Idee, den alten Dachs zu fragen. Der Dachs ist sehr weise. Er findet bestimmt eine Lösung. „Das ist eine tolle Idee", rufen alle.

Besuch beim Dachs

Die Schwestern fassen sich an den Händen. Gemeinsam machen sie sich auf den Weg zur Dachshöhle. Der Wald, wo der Dachs wohnt, ist noch dunkler als der, wo die Trolle leben. Die Stürme brausen viel lauter in den Baumkronen. Manchmal biegen sie sich bis fast zum Boden. Die Schwestern zittern vor Angst, als sie endlich die Dachshöhle erreichen. Viele Male müssen sie rufen. Dann schaut der Dachs aus seiner Höhle. „Was macht ihr denn für einen Lärm am helllichten Tage?", fragt er missmutig. Dachse schlafen tagsüber und werden nicht gerne gestört.
„Wir brauchen ganz dringend deinen Rat", stottern die kleinen Trolle. Ihre Haare stehen noch steiler zu Berge wie gewöhnlich. „Unser Faxi lernt das Laufen nicht. Wir wissen keinen Rat mehr. Du bist so alt und weise. Kannst du uns helfen?" Da wird der Dachs gleich freundlicher. Er kratzt seinen grauen Bart beim Nachdenken. „Am besten ist es, ich komme gleich mit zu euch zur Waldwiese. Wir überlegen dann gemeinsam, was wir tun können", sagt der Dachs.

Die Trollkinder setzen sich auf seinen Rücken und dann geht er los. Jetzt haben sie keine Angst mehr. Das Brausen der Stürme klingt nicht mehr so bedrohlich. Der Wald erscheint nicht mehr so dunkel wie auf dem Hinweg. Als sie die Trollhöhle erreichen, eilen die Eltern und Brüder aufgeregt hinaus zur Wiese.

Faxi kugelt hinterher. Er purzelt dem Dachs genau vor die Pfoten. Verschmitzt grinst er ihn an. „Guten Tag", sagt Faxi freundlich. „Na du bist ja ein interessantes Kerlchen", meint der Dachs. „Auf diesen dicken Beinchen sollst du nicht laufen können?" Er greift ihn mit seinen Pfoten und stellt ihn auf die Füße. Faxi sieht ihn erwartungsvoll mit seinen großen Augen an. Der Dachs lässt ihn los und –Plumps- landet Faxi wieder auf seinen Po.
Mama Troll holt inzwischen die leckersten Sachen aus der Speisekammer: „Getrocknete Waldfrüchte, Eicheln sowie schmackhafte Blätter." Diese wurden von den Trollkindern gesammelt .
Der Dachs langt kräftig zu, bis alle Töpfe geleert sind. Dann kratzt er sich seinen grauen Bart. Dabei schaut er nachdenklich zu Faxi, der ganz verträumt an einem Zweig knabbert. „Hm-Hm", brummt der Dachs zwischendrin und wiegt seinen Kopf. „Ich glaube, ich habe eine sehr gute Idee", sagt er plötzlich. Wir bauen für Faxi einen Stuhl. Aber einen besonderen Stuhl. Einen Stuhl mit Rädern. Mit diesem Stuhl können wir ihn überall mit hinnehmen." „So eine wunderbare Idee", jubelt Mama Troll. Sie wirft sich vor Begeisterung auf den Rücken. „Wie sollen wir denn einen solchen Stuhl bauen?" zweifelt Papa Troll. „Das habe ich mir auch schon überlegt", antwortet der Dachs bedächtig. Wir bauen den Stuhl aus Holz. „Alle gemeinsam gehen wir zum Teich hinter dem Hügel. Dort fragen wir den Biber, ob er uns hilft. Mit seinen scharfen Zähnen kann er das Holz passend zurecht nagen. Wir binden die Teile anschließend mit starken Gräsern zusammen."
Jetzt tanzt die gesamte Trollfamilie. Alle sind begeistert von diesem Plan. Faxi purzelt inzwischen über die Wiese. Ab und zu hört man ihn vergnüglich grunzen oder schmatzen. Er macht sich keine Gedanken. Wie gut, dass er Mama, Papa, die Geschwister und den weisen Dachs hat.

Die Reise zum Biberteich

Langsam geht die Sonne hinter den Bäumen unter. Es beginnt zu dämmern. Der Dachs mag die Nacht mehr als den Tag. Mama Troll packt einen Proviantbeutel mit Obst. Die gesamte Trollfamilie hüpft auf den breiten Dachsrücken. Die Reise zum Biberteich, hinter dem grünen Hügel beginnt. Der Dachs schaukelt beim Gehen mit dem Rücken hin und her.
Bald liegt die Trollfamilie in tiefem Schlaf. Nur Faxi schläft nicht. Er ist wie immer viel zu neugierig. Außerdem ist diese Reise viel zu interessant. Die darf man nicht einfach verschlafen.

Unterwegs treffen die Reisenden auf den Fuchs. „Wohin geht denn die Reise?“ möchte er wissen. Geduldig erzählt ihm der Dachs von Faxi und seinen Beinchen, die nicht laufen können. Da sagt der Fuchs ganz spontan: „Ich gehe mit, ich helfe euch.“ Der Dachs freut sich. Nun hat er jemanden, mit dem er sich unterhalten kann.
Es dauert nicht lange, da trifft die Gruppe auf die Waldmaus. „Wo geht's denn hin?“ piepst sie. Dabei tritt sie verlegen von einem Bein aufs andere. Der Dachs erzählt noch einmal geduldig die Geschichte von Faxi. „Alle sind unterwegs zum Biber. Wir wollen einen Stuhl mit Rädern bauen.“ „Da möchte ich aber unbedingt mithelfen“, sagt die Maus. Mit einem Satz sitzt sie auf dem Schwanz des Fuchses. Er schaukelt sie damit hin und her. Kurz darauf ist auch sie eingeschlafen. Fuchs und Dachs planen inzwischen, wie der Stuhl gebaut wird.

Ankunft am Biberteich

Angekommen am Biberteich sind noch einige Tiere dazugekommen: „Die Eule, ein Reh und zwei Hasen." Alle möchten helfen.
Zuerst einmal löschen alle ihren Durst am Teich. Der Biber schaut neugierig aus seiner riesigen Burg. Noch weiß er nicht, ob er sich über den unangemeldeten Besuch freuen soll. „Hallo Herr Biber", ruft der Dachs über den Teich. „Bitte kommen Sie doch einmal zu uns an das Ufer. Wir haben etwas Wichtiges mit Ihnen zu besprechen."
Der Biber lässt sich nicht zweimal bitten. Im nächsten Moment ist er im Wasser verschwunden. Am Ufer taucht er prustend wieder auf. Er schüttelt sich das Wasser aus seinem nassen Fell. Erwartungsvoll schaut er zum Dachs. „Was kann ich denn für euch tun?" fragt er. Der Dachs lässt sich bedächtig auf den Boden nieder.
Dann legt er sich zur Seite. Von seinem breiten Rücken kullert Faxi. Er reibt sich verschlafen die Augen. Erstaunt schaut er sich um. Seine Augen bleiben an dem großen braunen Biber hängen.
Ein solches Tier hat er noch nie gesehen. Riesige gelbe Zähne hat es. Zum ersten Mal in seinem Leben ist er ein wenig ängstlich.
Er krabbelt seiner Mama in den Arm. Dann sitzt er ganz still. Der Dachs nimmt Faxi behutsam vom Arm seiner Mutter.
Langsam stellt er ihn auf seine dicken Beinchen ins Gras. „Plumps" macht es, dann sitzt Faxi wieder auf seinem Po. „Der kleine Troll kann nicht stehen und nicht laufen", sagt der Dachs zum Biber. „Wir sind alle gekommen, weil wir deine Hilfe benötigen. Wir möchten für Faxi einen Stuhl mit Rädern bauen. Dann können wir ihn überall mit hinnehmen." Erstaunt blickt der Biber auf den im Gras hockenden kleinen Troll. „Ich kann schwimmen und laufen", sagt er stolz. „Für dich", sagt er zu Faxi, „werden wir einen wunderschönen Stuhl bauen. Einen besonderen Stuhl mit Rädern. In meinem Wald wächst das beste Holz weit und breit. Ich werde gleich welches holen."

Der Stuhl mit Rädern wird gebaut

Erleichtert schauen sich die Tiere an. Sie sind glücklich darüber, dass der Biberfreund sie unterstützt. Die Eule, das Reh und die Hasen schauen sich nach geeigneten Gräsern um. Die Grashalme müssen sehr stark sein. Damit werden die Holzteile aneinander gebunden. Die Trollfamilie sammelt Waldfrüchte für ein gutes Frühstück. Rund um den Biberteich ist ein emsiges Treiben und Sammeln. Jedes Tier unterstützt, so gut es kann, die gemeinsame Arbeit. Die Sonne lacht. Faxi sitzt unter einem großen Fliegenpilz. Ganz interessiert beobachtet er einen kleinen Marienkäfer. Sein Magen knurrt. Als seine Eltern und Geschwister zurückkehren, klatscht er in die Hände. Endlich gibt es Frühstück. Der Biber hat inzwischen Holz ans Ufer getragen.
Die Hasen, das Reh und die Eule haben Gräser zusammengetragen. Diese legen sie zum Holz. Dann gibt es ein Frühstück für alle Tiere. Der Dachs überlegt beim Essen gemeinsam mit dem Biberfreund, wie der rollende Stuhl gebaut wird. Nachdem die Tiere satt sind, beginnen sie den Stuhl zu bauen. Biberfreund nagt mit seinen scharfen Zähnen vier runde Holzräder zurecht, anschließend einen Sitz. Nach einer kurzen Pause formt er aus einem Ast eine lange Stange. Damit kann der Stuhl geschoben werden. Die anderen Tiere sind beeindruckt von seiner Arbeit. Sie klatschen begeistert Beifall. Mama Troll weint ein bisschen vor Freude. Sie schaut mit tränennassen Augen auf ihren kleinen Faxi.
Endlich sind alle Holzteile fertig. Vor den Tieren liegen die Holzräder, eine Sitzschale und eine Stange zum Schieben. Die Eule bindet mit ihrem Schnabel jeden einzelnen Grashalm um die Holzteile herum.

Dann ist es soweit. Der Stuhl mit Rädern ist fertig. Die Tiere sind mit Recht sehr stolz auf ihre gemeinsame Arbeit. Sie schauen erwartungsvoll zu Faxi. Neugierig krabbelt er zum Stuhl. Er streckt die kleinen Arme in die Luft. Der Dachs setzt den kleinen Troll ganz vorsichtig in den Sitz. Dann schiebt er ihn darin langsam vor- und zurück. Faxi strahlt über sein kleines Trollgesicht. Seine kleinen Zähne blitzen in der Sonne.
Alle Tiere tanzen im Kreis um ihn und seinen Stuhl herum. Die Trolleltern fallen sich vor Freude in die Arme. „Danke, danke!“ rufen sie immer wieder. Das Reh hat inzwischen eine Sonnenblume gepflückt. Diese wird oben an den Stuhl gebunden. Beim Schieben wackelt sie lustig hin und her. Faxi hat gleichzeitig einen Sonnenschutz.

Das Stuhl-mit-Rädern-Abschlußfest

Dann gibt es am Biberteich ein großes Stuhl-mit-Rädern–Abschlussfest. Die Grillen spielen zum Tanz auf. Die Schmetterlinge, Libellen und alle anderen Tiere, die neugierig geworden sind, tanzen, essen, lachen, freuen sich. Faxi tanzt in seinem Stuhl abwechselnd mit seinen Geschwistern, dem Biberfreund und dem Dachs. Am späten Abend fallen alle müde ins Gras. Der kleine Faxi kuschelt sich eng an den Dachs. Ihm hat er soviel zu verdanken. "Danke", sagt er zum Dachs und gibt ihm einen dicken Kuss.
Der Dachs streichelt ihm vorsichtig über seinen kleinen Kopf. „Das habe ich gerne für dich getan“, sagt er zu Faxi. Kurze Zeit später schlafen alle. Faxi träumt von den vielen Abenteuern, die er in seinem neuen Stuhl erleben möchte. Er ist der glücklichste, kleine Troll von allen die ich kenne. Im tiefen Schlaf lächelt er zufrieden in sich hinein.

Impressum

Text Doris Hesseler
ISBN-Nr. 978-3-9810623-1-1

Doris-Verlag
Doris Hesseler
Telefon und Fax 02295/903658
e-mail: DoSto-He@t-online.de
www.doris-verlag.de

Druck: punctgenau
www.punctgenau.de

Illustrationen, Satz, Gestaltung:
Heike Georgi
e-mail: heige.illus@t-online.de
www.heige-illus.de